Chiara Bertoglio

Bonsai d'inverno

Un cammino di haiku

A mio padre

Amare il Bello:
lentamente m'insegni
la tua sapienza

Introduzione

È a mio padre, Ottavio, che devo il mio amore per la poesia *haiku* e per la cultura giapponese in genere. Un amore che si è intrecciato con i momenti più belli e forti della nostra storia familiare, entrando in punta di piedi e con la delicatezza che solo questa forma d'arte può avere nelle nostre relazioni più forti e profonde.

Grazie all'amore per il bello che mio padre mi ha trasmesso, ed al suo insegnarmi la pazienza e lo stupore con cui si assaporano i grandi e così minuscoli capolavori della poesia *haiku*, mi sono gradualmente divenuti familiari i nomi di alcuni maestri giapponesi. Tornare sui loro versi, così scarni e così purificati, è diventato per me come ritrovare ambienti amici, e intuire, al di là delle differenze culturali, sociali, linguistiche, religiose, che il santuario intimo in cui può nascere ed essere apprezzato un *haiku* è parte integrante di ogni essere umano che sappia far spazio in sé per accoglierne il messaggio.

Ho iniziato perciò da bambina a scrivere qualche *haiku* in italiano, pur essendo ben conscia, e sempre di più quanto più il tempo passa, dei rischi che una simile operazione può portare con sé. Rischi che si possono riassumere nel pericolo di un esotismo fine a se stesso, che osserva dalla finestra, come in uno zoo, senza pervenire neppure a scalfire l'essenza profonda di ciò che dà vita ad un *haiku*.

La mia speranza è che la coscienza di questo rischio ne smorzi un po' la potenza: confesso candidamente che non so quanto la mia mente occidentale abbia potuto carpire qualcosa dello spirito *haiku* autentico, ma posso anche dire con onestà che il luogo della mia anima in cui abitano gli *haiku* è unico, sincero, ed ospite di sentimenti che altrove non conosco. E spero che alcuni di essi possano trovare compagni di strada solidali in coloro che li leggeranno.

ombra di luna
trasparente e lontana
è quasi sera

1998

volto di nebbia
- e perle di rugiada
sui crisantemi

2001

quanti ricordi
appesi ad asciugare
tra le rondini

2003

stanche pagine
tra i libri d'autunno
sbadiglia il vento

2003

vecchietta curva
- quanta acqua da versare
ai crisantemi

2003

riso sdentato
- si rannicchiano gli occhi
tra mille rughe

2005

vecchia cantante
come pesca avvizzita
- teatro vuoto

2005

squittir di topo
- e le foglie d'autunno
vanno in esilio

2005

erba di maggio
pettinata dal vento
- riso di bimba

2005

pigola il nido
trabocco d'allegria
- è primavera

2005

scivola il treno
- col viso sulla mano
sogna una vecchia

2006

suono di *biwa*
- sul lago trasparente
tornano le gru

2007

cerca il rondone
la sua vecchia grondaia:
rumor di ruspe

                                        2007

tomba di cincia:
depone una pervinca
il tuo bambino

2007

abete di maggio:
ciuffi verdi come orlo
d'oro alle nubi

2007

bastone bianco:
sfiorando i giocattoli
s'arresta muto

2007

grigio novembre
- ardono di colore
gli aceri rossi

2007

l'aria di marzo
fiuta ignaro un leprotto
al cimitero

2008

sferruzza al sole
anche la vecchia cieca:
maggio è tornato

2008

risa arancioni:
lanciano due monaci
palle di neve

2008

curva e contorta
scruta una vecchia il cielo:
bonsai d'inverno

2008

piove in risaia:
spian l'arcobaleno
topino e airone

2008

Fuji brumoso
fagiano nella neve
lago ghiacciato

2008

il merlo nero
osserva il pruno in fiore
con sguardo obliquo

2008

capelli bianchi
aureola di tramonto
pensa alla madre

2008

cerchi nel lago
intravedo il sorriso
del pescatore

2008

mi chiede l'ora
la vecchietta a novembre:
agenda vuota

2008

tornar piccola…
sul fiore di ninfea
due libellule

2008

scodinzolando
il cucciolo saluta
l'arcobaleno

2009

airone bianco
la risaia innevata
lento sorvola

2009

alzando il velo
del canto d'usignolo
trabocca il pesco

2009

giocando a bocce
della prima rondine
non s'avvedono

2009

penso al passato:
un geranio appassito
mi compatisce

2009

lago all'aurora
scia obliqua di cigno
- solitudine

2009

sola risposta
alle grida del falco:
tonfo di remi

2009

bruco pensoso:
tra gocce di rugiada
osserva il mondo

2009

ricco è il monaco:
ciottoli lisci d'acqua
nella bisaccia

2009

solo un salice
s'incurva così tanto
per un passero

2009

sul ramo un gatto:
petali o passerotti
s'alzano in volo?

2009

senza memoria
i giochi dei bambini
guarda la nonna

2009

studia il pancione
la sorellina a sera
- un po' perplessa.

2010

lune d'argento
furtive sorridono
agli alchechengi

2010

giorno di festa:
una chioma candida
tra i ciclamini

2010

pesce pagliaccio:
sbiaditi nell'acquario
anche i coralli

2010

barbone al caffè:
un po' di colazione
offre al passero

2010

penso a un amico:
anche la coccinella
sorride tra sé

2010

sfioro di nuovo
del pino i ciuffi verdi
come ogni maggio

2010

non smetti ancora,
temporale d'agosto…
gatto annoiato

2010

sguardo ammirato:
arrossisce la nonna.
Foglie d'autunno

2010

la pioggia applaude:
ticchettano anche i grani
del mio rosario

2010

haiku d'inverno:
con i suoni compongo
un ikebana

2010

dove coverà
di nuovo la rondine
di Fukushima?

2011

gru d'origami:
s'inchina alle macerie
la vecchia folle

2011

riso sul mento:
l'anziano senzatetto
non sa mangiare

2011

Copyright Chiara Bertoglio 2011

Lulu editore

Tutti i diritti riservati

ISBN 978-1-4477-2289-2

www.ingramcontent.com/pod-product-compliance
Lightning Source LLC
Chambersburg PA
CBHW061248040426
42444CB00010B/2301